BEI GRIN MACHT SICH IHR WISSEN BEZAHLT

- Wir veröffentlichen Ihre Hausarbeit, Bachelor- und Masterarbeit

- Ihr eigenes eBook und Buch - weltweit in allen wichtigen Shops

- Verdienen Sie an jedem Verkauf

Jetzt bei www.GRIN.com hochladen und kostenlos publizieren

Bibliografische Information der Deutschen Nationalbibliothek:

Die Deutsche Bibliothek verzeichnet diese Publikation in der Deutschen National-
bibliografie; detaillierte bibliografische Daten sind im Internet über http://dnb.d-
nb.de/ abrufbar.

Dieses Werk sowie alle darin enthaltenen einzelnen Beiträge und Abbildungen
sind urheberrechtlich geschützt. Jede Verwertung, die nicht ausdrücklich vom
Urheberrechtsschutz zugelassen ist, bedarf der vorherigen Zustimmung des Verla-
ges. Das gilt insbesondere für Vervielfältigungen, Bearbeitungen, Übersetzungen,
Mikroverfilmungen, Auswertungen durch Datenbanken und für die Einspeicherung
und Verarbeitung in elektronische Systeme. Alle Rechte, auch die des auszugsweisen
Nachdrucks, der fotomechanischen Wiedergabe (einschließlich Mikrokopie) sowie
der Auswertung durch Datenbanken oder ähnliche Einrichtungen, vorbehalten.

Impressum:

Copyright © 2015 GRIN Verlag
Druck und Bindung: Books on Demand GmbH, Norderstedt Germany
ISBN: 9783668655409

Dieses Buch bei GRIN:

https://www.grin.com/document/414603

Anke Herten

Materialien für Niederdeutsch und Saterfriesisch in der Schule

GRIN Verlag

GRIN - Your knowledge has value

Der GRIN Verlag publiziert seit 1998 wissenschaftliche Arbeiten von Studenten, Hochschullehrern und anderen Akademikern als eBook und gedrucktes Buch. Die Verlagswebsite www.grin.com ist die ideale Plattform zur Veröffentlichung von Hausarbeiten, Abschlussarbeiten, wissenschaftlichen Aufsätzen, Dissertationen und Fachbüchern.

Besuchen Sie uns im Internet:

http://www.grin.com/

http://www.facebook.com/grincom

http://www.twitter.com/grin_com

Ausarbeitung zum Referat

Materialien für Niederdeutsch und Saterfriesisch in der Schule

Verfasserin: Anke Herten

Semester: 4

Fächerkombination: Germanistik und Evangelische Theologie

Abgabetermin 31.8.2015

Gliederung

1. Einleitung	1
2. Rechtliche Grundlagen, methodische Überlegungen und derzeitiger Stand in Niedersachsen	2
3. Auf der Suche nach Lehrbüchern	3
3.1 Befragung der zertifizierten Schulen	4
3.2 Besuch im Institut für Niederdeutsche Sprache	5
3.3 Saterfriesische Lehrbücher	7
4. Internetquellen	7
5. Fazit und Ausblick	8
Literaturverzeichnis	I

1. Einleitung

Die Regional- und Minderheitensprachen Niederdeutsch und Saterfriesisch sind bei uns im Norden noch stark ausgeprägt. Dennoch zeichnet sich ein starker Rückgang dieser Sprachen ab. Vor Allem in den jüngeren Generationen fehlt vermehrt der Zugang zu den norddeutschen Regionalsprachen, da die natürliche Weitergabe durch die Familie heutzutage stark begrenzt ist. Außerdem bieten sich auch im Alltag nur selten Räume und Situationen, in denen die Regionalsprachen praktiziert werden können. Diese Problematik hat längst auch die bildungspolitische Diskussion erreicht.[1] Viele norddeutsche Bürger fordern eine Aufnahme der Regionalsprachen in den Lehrplan der Schulen, um unter anderem dem starken Rückgang der Sprachen entgegenzuwirken. Die Begegnung mit den Regionalsprachen in den Schulen wurde lange Zeit nur von ehrenamtlichen Mitarbeitern in freiwilligen Arbeitsgemeinschaften angeboten. Nun wird jedoch der Ruf nach einem systematisch angelegten Spracherwerb in der Schule immer lauter.[2]

Auch von rechtlicher Seite aus sind die Schulen seit geraumer Zeit dazu angehalten, Niederdeutsch und Saterfriesisch in den Unterricht zu integrieren, oder sogar als eigenständiges Fach anzubieten.[3] Hiermit kommt der Schule nicht nur eine weitere Bildungsaufgabe zu, sondern auch eine soziale und gemeinschaftsbildende Verantwortung. Die Umsetzung dieser Beschlüsse kommt nun auf uns als angehende Lehrer und Lehrerinnen zu. Gerade die Anfänge der Lehrtätigkeit in Niederdeutsch oder Saterfriesisch kann sehr mühevoll sein, da den rechtlichen Beschlüssen und Gesetzen keine Hinweise für die praktische Umsetzung beigefügt wurden. Die Lehrkräfte stehen daher vor der Aufgabe, die Methodik für die Vermittlung der Regionalsprachen im Unterricht eigenständig zu erschließen und auch geeignete Materialien für den Schulunterricht ausfindig zu machen. Dieser letztgenannte Aspekt der Materialiensuche ist das Thema dieser Ausarbeitung. Nach einer knappen Einführung in die rechtlichen Grundlagen, den derzeitigen Stand und die Ziele des Regionalsprachunterrichts wird die Frage nach geeigneten Materialien für den Niederdeutsch- und Saterfriesischunterricht geklärt. Um die Suche nach Material besonders authentisch zu gestalten, haben wir versucht, uns selbst in die Lage einer angehenden Lehrkraft im Bereich

---

[1] Vgl. Reinhard Goltz, Moderne Schule: Plattdeutsch ist dabei, in: Ehlers, Christiane, Auf dem Stundenplan: Plattdeutsch, Leer 2013, S.6.
[2] Vgl. Reinhard Goltz, Ein Themenaufriss, in: Ehlers, Christiane, Auf dem Stundenplan: Plattdeutsch, Leer 2013, S.8.
[3] Vgl. Jutta Engbers, Das Schulfach Niederdeutsch: eine Verpflichtung, ein Recht, in: Ehlers, Christiane, Auf dem Stundenplan: Plattdeutsch, Leer 2013, S.14.

Niederdeutsch zu versetzen. Bezogen sind die jeweiligen Erkenntnisse speziell auf das Land Niedersachsen.

2. Rechtliche Grundlagen, Methodische Überlegungen und derzeitiger Stand in Niedersachsen

Die Aufnahme der Regional- und Minderheitensprachen in den Lehrplan der norddeutschen Schulen ist vielfältig im niedersächsischen Bildungssystem festgehalten. Mit dem Beitritt Deutschlands zur „Europäischen Charta der Regional- oder Minderheitensprachen" im Jahr 1999 verpflichteten sich neben Niedersachsen vier weitere norddeutsche Bundesländer zur Unterstützung und Förderung des Erhalts von ROM (Regional- und Minderheitensprachen).[4]

2007 setzte der Bundesraat för Nedderdüütsch, der die Regionalsprache Niederdeutsch sprachenpolitisch vertritt, die 12 „Schweriner Thesen zur Bildungspolitik" auf. Diese Thesen fordern die norddeutschen Bildungseinrichtungen unmissverständlich zur Förderung des Niederdeutschen auf.[5]

2011 sprach schließlich das Niedersächsische Kultusministerium einen Erlass aus, der die Bildungseinrichtungen zur Förderung der Regionalsprachen im Pflichtunterricht aufruft. Der Erlass namens „Die Region und ihre Sprachen" regelt sowohl die verpflichtenden, als auch die wünschenswerten aber freiwilligen Begegnungen mit den Regionalsprachen in der Bildung.[6]

Als Methodik für diese Sprachbegegnung ist in Niedersachsen die Immersionsmethode angesetzt worden. Durch die durchgehende Konfrontation mit der Zielsprache sollen die Schüler und Schülerinnen zum Selbstlerner bzw. zur Selbstlernerin werden. Der Unterricht soll kontextgebunden und in Lerngruppen mit gemischten Vorkenntnissen in der Regionalsprache erfolgen. Die Regionalsprachen sollen nach Möglichkeit nicht nur als Thema im

---

[4] Vgl. Europarat, Europäische Charta der Regional- oder Minderheitensprachen, Art.7, 1992, verfügbar unter: http://conventions.coe.int/Treaty/ger/Treaties/Html/148. htm (letzter Zugriff: 19.8.15).
[5] Vgl. Bundesraat för Nedderdüütsch, Schweriner Thesen zur Bildungspolitik, 2007, verfügbar unter: http://bundesraat-nd.de/index.php?option=com_content&view =article&id=47:schweriner-thesen&catid=37:positionenbildungkat&Itemid=59 (letzter Zugriff 19.8.15).
[6] Vgl. Niedersächsisches Kultusministerium, Die Region und ihre Sprachen im Unterricht, 2011, verfügbar unter: http://www.nds-voris.de/jportal/?quelle=jlink &query=VVND-224100-MK-20110707-04-SF&psml =bsvorisprod.psml&max=true (letzter Zugriff 19.8.15).

Deutschunterricht, sondern auch durch Bilingualismus im Fachunterricht vermittelt werden.[7] Diese verpflichtende Sprachbegegnung in Form von Immersion reicht dem Bundesraat för Nedderdüütsch allerdings nicht aus: Der Bundesraat fordert nachdrücklich den niederdeutschen Spracherwerb in der Schule. Hierfür wäre ein systematischer Sprachunterricht in der Schule nötig.[8]

Bildungsstätten, die sich besonders engagiert für die Förderung des Niederdeutschen oder Saterfriesischen einsetzen, können die Auszeichnung „Plattdeutsche" bzw. „saterfriesische Schule" erlangen. Mit dieser Zertifizierung dürfen sich derzeit 14 niedersächsische Schulen schmücken.[9]

3. Auf der Suche nach Lehrbüchern

Nach der Klärung von rechtlichen und methodischen Grundlagen kommt es nun zur praktischen Umsetzung im Unterricht. Wie soll das Saterfriesische oder Niederdeutsche vermittelt werden und welche Materialien können hierfür herangezogen werden?

Gerade für Lehrende, die Anfänger in den Regional- und Minderheitensprachen sind, wäre ein gutes Lehrbuch eine große Unterstützung. Die Suche nach einem solchen Werk ist aber ernüchternd, sofern man die üblichen, gängigen Wege nutzt. Im Orbis-Katalog der Universitätsbibliothek Oldenburg finden sich zwar hochdeutsch-niederdeutsche Wörterbücher oder niederdeutsche Lesebücher, ein explizites Schulbuch für den Niederdeutschunterricht fehlt aber. Auch in der Buchhandlung der Universität ist ein solches Werk nicht vorhanden. Es scheint, als müsse man als Lehrkraft auf anderen Wegen an geeignetes Material kommen.

Als nächste Anlaufstelle kam uns das Institut für niederdeutsche Sprache (INS) in Bremen in den Sinn. Auf der Homepage befindet sich ein hauseigener

---

[7] Vgl. Cornelia Nath, Frühes Plattdeutsch-Lernen durch Immersion, in: Ehlers, Christiane, Auf dem Stundenplan: Plattdeutsch, Leer 2013, S.31.
[8] Vgl. Goltz, Themenaufriss, S.8.
[9] Vgl. Niedersächsisches Kultusministerium, Susanne Schrammar, Sechs Schulen ausgezeichnet, o.D., verfügbar unter: http://www.mk.niedersachsen.de/portal/live.php ?navigation_ id=1820&article_id=122583&_psmand=8 (zuletzt aufgerufen am 21.7.2015).

Vgl. Niedersächsisches Kultusministerium, Susanne Schrammar, Acht weitere Schulen in Niedersachsen ausgezeichnet, o.D., verfügbar unter: http://www.mk.niedersachsen. de/portal/live.php? navigation_id=1820&article_id=130200&_psmand=8 (zuletzt aufgerufen am 21.7.15).

Bibliothekskatalog. Allerdings tauchen auch hier, in der Rubrik "Böker för Kinner un junge Lüüd" und "Sprache entdecken" hauptsächlich Lesebücher auf. Zur Referatsvorbereitung wandten wir uns daher per Email direkt an das INS und das Kultusministerium um uns über Lehrmaterialien zu informieren. Außerdem kontaktierten wir die 14 als plattdeutsche, bzw. saterfriesische Schule ausgezeichneten Bildungsstätten, um mehr über die derzeit verwendeten Materialien herauszufinden.

3.1 Befragung der zertifizierten Schulen

Einige der plattdeutschen und saterfriesischen Schulen stellen das Niederdeutsch- bzw. Saterfriesisch-Angebot schon auf ihrer Internetpräsenz vor.[10] So auch die Grundschule Moordorf im ostfriesischen Südbrookmerland. Auf der Homepage werden bereits erreichte und noch bevorstehende Ziele in der Niederdeutschförderung erläutert. Außerdem werden überzeugende Vorteile der frühen Mehrsprachigkeit aufgeführt. Im Telefonat erklärte die verantwortliche Lehrerin, dass sie ihr Material aus dem zuständigen regionalen pädagogischen Zentrum beziehe, welches jedoch nur eine sehr geringe Auswahl anbiete. Den Großteil ihrer Materialien produziere oder übersetze sie daher selbstständig. Als Hilfe hierfür nutze sie das Übersetzungsprogramm auf www.platt-wb.net[11], welches von der ostfriesischen Landschaft bereitgestellt wird. Unterrichtet wird das Niederdeutsche in Moordorf mit der immersiven Methode.

So oder ähnlich sieht es auch an den anderen Schulen aus. Die Karl-Soehle--Grundschule in Hankensbüttel im Landkreis Gifhorn bietet neben der immersiven Sprachbegegnung auch eine niederdeutsche Spracherwerbs-AG an. Auch hier wird sich über selbst erstellte Materialien, darstellendes Spiel und Vorlesungswettbewerbe an die niederdeutsche Sprache herangetastet. An dieser Schule steht zurzeit die schwierige Frage im Raum, wer in zwei Jahren, wenn die derzeit zuständige und sehr engagierte Lehrerin in Pension geht, diesen Sektor übernimmt, da es keine weiteren Muttersprachler unter den Lehrenden gibt.

Ein weiteres Beispiel ist die Grundschule Lintig im Landkreis Cuxhaven. Hier findet der Immersionsunterricht in den Fächern Kunst, Textil und Werken statt. Zusätzlich bietet die Schule den Schülern und Schülerinnen eine Plattdeutsch-

---

[10] Vgl. Cordula Aulke, Grundschule Moordorf, Plattdeutsch in der Grundschule Moordorf, 2011, verfügbar unter: http://www.grundschule-moordorf.de/was-wir-tun/plattdeutsch/ (letzter Zugriff 19.8.15).
[11] Vgl. Ostfriesische Landschaft, Online-Wörterbuch Hoch<>Platt, o.D., verfügbar unter: http://www.platt-wb.de/ (letzter Zugriff 21.7.15).

Lernstunde pro Woche, in der tatsächlich der Spracherwerb im Fokus steht. Auch hier wird mit gesammelten und selbst erstellten Materialien gearbeitet. Ein Lehrbuch kommt dabei bisher nicht zum Einsatz.

Abbildung 1 http://www.grundschule-scharrel.de/seite/196926/saterfriesisch.html

Ein Beispiel für eine saterfriesische Schule ist die „Litje Skoule Skäddel", die Grundschule Scharrel. Auch diese Schule präsentiert ihre Saterfriesisch-Förderung eindrucksvoll auf ihrer Homepage.[12] Es werden die rechtlichen Grundlagen und die Vorteile der frühen Bilingualität überzeugend für skeptische Eltern und andere Interessierte dargestellt. Die Immersionsmethode wird in je einer der zwei Schulklassen eines jeden Jahrgangs praktiziert. Ziele sind hier, die Sprache zu verstehen *und* sprechen zu können, die saterfriesische Schriftsprache wird jedoch nicht gelehrt. Was die Unterrichtsmaterialien angeht sieht es hier noch dürftiger als im niederdeutschen Sprachraum aus. Die Lehrkräfte erstellen ihre Materialien daher durchweg selbstständig.

Was alle befragten Schulen verbindet, ist der Wunsch nach leichterem Zugang zu Material. Besonders vermisst wird das pädagogische Begleitmaterial zum Niederdeutsch-, bzw. Saterfriesischunterricht. Ein didaktisches Handbuch wäre besonders hilfreich. Der Wunsch nach einem kompakten Lehrwerk, speziell für die Schule, wurde auf unsere Nachfrage hin besonders häufig geäußert. Außerdem wünschen sich die Lehrkräfte einen moderneren, zeitgemäßen Zugang zu den Regionalsprachen, zum Beispiel war von einem e-learning-Angebot die Rede.

3.2 Besuch im Institut für Niederdeutsche Sprache

Die Antwort vom INS bestätigte die bereits vermutete problematische Lage im Hinblick auf Materialien noch einmal. Frau Ehlers, eine Mitarbeiterin im Institut, schrieb, dass dringend Materialien benötigt werden und viel mit kopierten Sammelsurien gearbeitet werden würde. Das INS hat daher eine Übersicht über

---

[12] Vgl. Grundschule Scharrel, Torben Hinrichs, o.D., verfügbar unter: http://www.grundschule-scharrel.de/seite/196926/saterfriesisch.html (letzter Zugriff 21.7.15)

Lehrwerke und Lesebücher mit dem Titel „Plattdüütsche Böker för Kinner un junge Lüüd. Lesen un lehren – en Översicht" zusammengestellt, um den Überblick über zu erleichtern. Für nähere Informationen lud Frau Ehlers uns zu sich ins Institut ein. Am vereinbarten Termin hatte sie uns schon eine Menge an Werken bereitgelegt, die eventuell als Material für den Niederdeutschunterricht in der Schule dienen könnten. Sie erklärte uns, dass es schwierig sei die Lehrwerke zu finden, da sie nicht in den üblichen Lehr- und Schulbuchverlagen erschienen. Zunächst wunderten wir uns, dass doch so viele Lehrbücher für den Niederdeutschunterricht existieren, ein genaueres Hinsehen wirkte jedoch wieder ernüchternd. Frau Ehlers informierte uns über Eigenschaften, Autor, Erscheinungsjahr und die Vor- und Nachteile der jeweiligen Werke. Man muss festhalten, dass die meisten Lehrbücher veraltet waren oder, pädagogisch betrachtet, schlichtweg ungeeignet für den Schulunterricht sind. Einige Werke richteten ihren Fokus auf die Grammatik des Niederdeutschen, andere fungierten mehr als Lesebuch und waren für den Spracherwerb oder die Immersion daher ungeeignet. Als wirklich geeignet zeigten sich nur einige neuere Lehrwerke, wie der „Fietje" von 2012 aus Hamburg. „Fietje" ermöglicht einen modernen und immersiven Einstieg in die niederdeutsche Sprache. Das ostfriesische Lehrbuch „Nu man to" von 2014, was allerdingst erst ab ca. 10 Jahren geeignet ist, fällt auch besonders positiv auf, da es gut für den Spracherwerb geeignet ist. Auch das Werk „Rög di" von 2003 hat einige wertvolle Handreichungen für den Niederdeutschunterricht zu bieten.

Schlussfolgernd kann man festhalten, dass die Lehrwerke sequenziell gut für Kopien und Arbeitsblätter geeignet sind. Es dominieren die Lesebücher, die zwar das Verständnis von Niederdeutsch fördern können, aber keinen gezielten Spracherwerb ermöglichen. Eine systematisch aufgebaute Sprachbegegnung gestaltet sich mit den meisten Lehrwerken allein als eher schwierig. Außerdem fehlt es den meisten Werken an didaktischer und methodischer Begleitung. Dies liegt auch daran, dass die Werke meist von Heimatvereinen, nicht von Pädagogen, herausgebracht werden. Aus genau diesem Grund ist das eigenständige Zusammentragen der Lehrmaterialien womöglich so verbreitet in den befragten Schulen.

Eine gute Adresse für solche Lehr- und Lesewerke, die man sequenziell in den Unterricht einbauen kann ist der „Plattschap". Es handelt sich hierbei um einen Onlineshop der allerlei Niederdeutsches zum Bestellen anbietet. Hier findet man neben den vorgestellten Lehrwerken eine breite Vielfalt an Lesebüchern und anderen Materialien. Auch andere Medien, wie CD's mit niederdeutschen Liedern oder niederdeutsche Spiele werden hier angeboten. In der Rubrik „För de Schöl" werden ganze 107 Artikel angeboten.

Frau Ehlers selbst äußerte, wie die meisten befragten Lehrkräfte, den Wunsch nach einem modernen, systematisch aufgebauten und pädagogisch wohl durchdachten Lehrwerk, welches dann in die einzelnen regionalen Sprachvarianten übersetzt werden könnte.

3.3 Saterfriesische Lehrbücher

Noch schwieriger gestaltete sich die Suche nach saterfriesischen Lehrmaterialien. Die befragten saterfriesischen Schulen nutzten alle selbst erstelltes Material oder arbeiteten mit übersetzten Arbeitsblättern. Ein Lehrwerk für „Selteersk" (Saterfriesisch) existiert jedoch seit kurzem. Zusammen mit einem Arbeitskreis für Saterfriesisch hat die aus Barßel stammende Johanna Evers 2011 ein Lehrwerk namens „Seeltersk bale" verfasst, welches in 10 Lektionen die Grundlagen der saterfriesischen Sprache vermitteln möchte. Das Lehrwerk ist speziell für Jugendliche und Erwachsene entwickelt worden und ist an einen sehr erfolgreichen nordfriesischen Sprachkurs des Nordfriisk Instituut in Bräist/Bredstedt angelehnt. Dieses Lehrwerk ist bisher das einzige saterfriesische auf dem Markt.[13]

3.4 Internetquellen

Durch die unzureichende Auswahl an Printmedien im Bereich Niederdeutsch und Saterfriesisch wird das Internet zu einer wichtigen Quelle. Wie schon bei der Befragung der zertifizierten Schulen durchklang, werden vermehrt Materialien aus dem Internet zur Unterrichtsgestaltung herangezogen. Besonders beliebt sind hierbei Portale wie www.plattolio.de, www.platt-is-cool.de oder www.plattello.de. Außerdem stehen speziell für Lehrkräfte Plattformen bereit, die dem Austausch von Materialien dienen. Ein „Geheimtipp" der Schulen war hier vor Allem die Homepage von Heidrun Schlieker mit dem Titel „Platt för Kinner". Unter der Rubrik „Schatzkiste" kann man hier jede Menge plattdeutscher

---

[13] Vgl. Sambucus-Verlag, Sprachkurs Saterfriesisch, o.D., verfügbar unter: http://www.sambucus-verlag.de/der-sprachkurs.html (letzter Zugriff 21.7.15)

Arbeitsblätter, Spiele, Gedichte, Lieder und weiteres für den Unterricht finden. Außerdem stellt Frau Schlieker eigens erarbeitete Unterrichtsplanungen zur Verfügung. Ein großer Vorteil dieser digitalen Medien ist die hohe Aktualität und die verschiedenen Zugänge zu den Regional- und Minderheitensprachen. Neben Arbeitsblättern stehen nämlich auch Audio-Medien, Videos und digitale spielerische Zugänge bereit. Die Internetquellen bieten die Möglichkeit einer umfassenden Sprachbegegnung. Zu kritisieren bleibt jedoch, dass mit solchen Sammelsurien aus Arbeitsblättern und anderen Medien wohl kaum ein systematischer Spracherwerb erreicht werden kann. Außerdem bergen solche Upload und Download Plattformen die Gefahr einer kaum überschaubaren Anhäufung von Dokumenten. Die Qualität der Inhalte wird auf vielen Plattformen kaum überprüft. Als unerfahrene Plattdeutsch- oder Saterfriesisch Lehrkraft kann man so schnell an weniger geeignete oder qualitativ ungenügende Materialien gelangen.

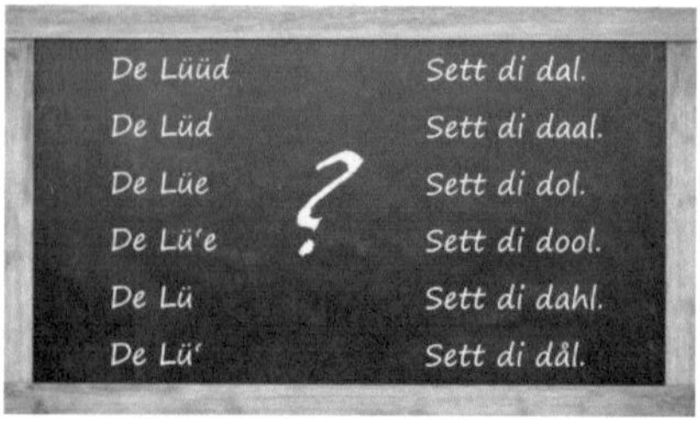

Ein weiteres großes Problem der Internetquellen ist die regionale Unterschiedlichkeit der niederdeutschen Sprache. Durch eine Sammlung von Materialien aus verschiedenen Quellen kann es schnell zu einer Mischung unterschiedlicher Schreibweisen und regionaler Differenzen kommen, was für die Schüler und Schülerinnen sehr große Verwirrung stiften kann, wie die Abbildung 2 zeigt.

Abbildung 2 : Christiane Ehlers, Auf dem Stundenplan: Plaattdeutsch, Leer 2013, S.35

Trotzdem ist das Internet sehr gut für den Austausch der Lehrkräfte untereinander geeignet und mit einem kritischen Blick bewaffnet kann man gute Materialien finden.

4. Fazit und Ausblick

Die Suche nach Unterrichtsmaterialien in den Fächern Niederdeutsch und Saterfriesisch gestaltet sich insgesamt betrachtet sehr schwierig. Gerade für Anfänger der Sprachen bergen die vorhandenen Print- und Internetquellen große Tücken, da sie oft eine Qualitätsprüfung und Überarbeitung benötigen.

Die Lehrbücher, die für das Niederdeutsche vorhanden sind, werden oft der modernen Methode des Immersionsunterrichts nicht gerecht. Oft sind die Werke zu wenig an den Kontext angebunden, erscheinen zu starr grammatisch ausgerichtet oder bieten keinerlei Anknüpfungen an bereits vorhandene Ressourcen der Schüler und Schülerinnen. Dies liegt nicht zuletzt daran, dass die vorhandenen Werke nicht von Pädagogen oder Didaktikern, sondern von Arbeitskreisen oder Heimatvereinen erstellt wurden.

Auffällig ist auch, dass das Land Niedersachsen zwar die rechtlichen Grundlagen für die verpflichtende Einführung in Regional- und Minderheitensprachen an den Schulen geschaffen hat, die Lehrkräfte mit der Umsetzung dieser Gesetze jedoch allein lässt. Wünschenswert wäre die Erarbeitung eines speziellen Lehrbuchs für den Schulunterricht in Regional- und Minderheitensprachen von Pädagogen und Linguisten. Dieses Buch sollte vor allem auch didaktische Hinweise enthalten.

Außerdem wäre es sehr wichtig, ein systematisches Lehrwerk auf den Markt zu bringen, denn sonst kann es nur bei Sprachbegegnung in der Schule bleiben. Die zukünftigen Materialien sollten sich vom Lesebuch weg, hin zum kontextgebundenen, systematisch aufgebauten und schülergerechten Lehrbuch entwickeln.

Bis zur Erscheinung eines solchen offiziellen Lehrwerks sollte man als Regional- und Minderheitensprachen-Lehrkraft unbedingt in Kontakt mit anderen Lehrkräften treten, um auf diesem Wege an hochwertiges und bewährtes Material zu gelangen. Auch der Kontakt zum INS kann sehr hilfreich sein, um sich einen ersten Überblick zu verschaffen. Sowohl die Lehrkräfte der zertifizierten Schulen, als auch das INS reagierten sehr freundlich und hilfsbereit auf unsere Anfragen, da sie sich sehr über Interesse an der niederdeutschen und saterfriesischen Sprache freuen.

5. Literaturverzeichnis

Aulke, Cordula, Grundschule Moordorf, Plattdeutsch in der Grundschule Moordorf, 2011, verfügbar unter: http://www.grundschule-moordorf.de/was-wir-tun/plattdeutsch/ (letzter Zugriff 19.8.15)

Bundesraat för Nedderdüütsch, Schweriner Thesen zur Bildungspolitik, 2007, verfügbar unter: http://bundesraat-nd.de/index.php?option=com_ content& view=article&id=47:schweriner-thesen&catid=37:positionenbildungkat& Itemid=59 (letzter Zugriff 19.8.15)

Engbers, Jutta, Das Schulfach Niederdeutsch: eine Verpflichtung, ein Recht, in: Ehlers, Christiane, Auf dem Stundenplan: Plattdeutsch, Leer 2013, S.14

Europarat, Europäische Charta der Regional- oder Minderheitensprachen, Art.7, 1992, verfügbar unter: http://conventions.coe.int/Treaty/ger/Treaties /Html/148. htm (letzter Zugriff: 19.8.15)

Goltz, Reinhard, Moderne Schule: Plattdeutsch ist dabei, in: Ehlers, Christiane (Hg.) Auf dem Stundenplan: Plattdeutsch, Leer 2013, S.4

Goltz, Reinhard, Ein Themenaufriss, in: Ehlers, Christiane, Auf dem Stundenplan: Plattdeutsch, Leer 2013, S.8

Grundschule Scharrel, Torben Hinrichs, o.D., verfügbar unter: http://www.grundschule-scharrel.de/seite/196926/saterfriesisch.html (letzter Zugriff 21.7.15)

Nath, Cornelia, Frühes Plattdeutsch-Lernen durch Immersion, in: Ehlers, Christiane, Auf dem Stundenplan: Plattdeutsch, Leer 2013, S.31

Niedersächsisches Kultusministerium, Die Region und ihre Sprachen im Unterricht, 2011, verfügbar unter: http://www.nds-voris.de/jportal/?quelle=jlink &query=VVND-224100-MK-20110707-04-SF&psml =bsvorisprod.psml&max=true (letzter Zugriff 19.8.15)

Niedersächsisches Kultusministerium, Susanne Schrammar, o.D., Sechs Schulen ausgezeichnet, Kultusministerin Heiligenstadt verleiht erstmals die Titel „Plattdeutsche Schule" und „Saterfriesische Schule, verfügbar unter: http://www.mk.niedersachsen.de/portal/live.php?navigation_id=1820&artic le_id=122583&_psmand=8 (zuletzt aufgerufen am 21.7.2015)

Niedersächsisches Kultusministerium, Susanne Schrammar, „Plattdeutsche und Saterfriesische Schule" – Acht weitere Schulen in Niedersachsen ausgezeichnet, o.D., verfügbar unter: http://www.mk.niedersachsen.de/ portal/live.php?navigation _id=1820&article_id=130200&_psmand=8 (zuletzt aufgerufen am 21.7.15)

Ostfriesische Landschaft, Online-Wörterbuch Hoch<>Platt, o.D., verfügbar unter: http://www.platt-wb.de/ (letzter Zugriff 21.7.15)

Sambucus-Verlag, Sprachkurs Saterfriesisch, o.D., verfügbar unter: http://www.sambucus-verlag.de/der-sprachkurs.html (letzter Zugriff 21.7.15)

BEI GRIN MACHT SICH IHR WISSEN BEZAHLT

- Wir veröffentlichen Ihre Hausarbeit, Bachelor- und Masterarbeit

- Ihr eigenes eBook und Buch - weltweit in allen wichtigen Shops

- Verdienen Sie an jedem Verkauf

Jetzt bei www.GRIN.com hochladen und kostenlos publizieren